BERRYER

ET LA

MAGISTRATURE FRANÇAISE

PAR

P. BISTON

PARIS

E. DENTU, ÉDITEUR

LIBRAIRIE DE LA SOCIÉTÉ DES GENS DE LETTRES

PLACE VALOIS (PALAIS-ROYAL)

1889

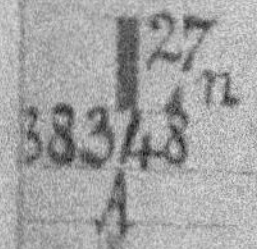

IMPRIMERIE D. DUMOULIN ET C⁰

Rue des Grands-Augustins, 5, à Paris.

BERRYER

ET LA

MAGISTRATURE FRANÇAISE

PAR

P. BISTON

PARIS

E. DENTU, ÉDITEUR

LIBRAIRIE DE LA SOCIÉTÉ DES GENS DE LETTRES

PLACE VALOIS (PALAIS-ROYAL)

1889

BERRYER

MAGISTRATURE FRANÇAISE

La justice est le premier besoin des peuples ; elle domine tout, elle est étrangère à la politique, à ses passions et à ses égarements ; elle ne se met au service de personne, et elle protège le pauvre comme le riche ; elle intéresse toutes les classes de la société, tous ceux qui travaillent aux champs ou dans les cités, l'agriculteur, l'industriel, l'artiste, l'écrivain, le savant, sur lesquels elle étend sa main tutélaire.

Et pour savoir quels sont et quels doivent être ses ministres, nous n'avons qu'à citer ces paroles prononcées en audience solennelle, devant la Cour d'appel de Paris, le 4 novembre 1872 :

« La magistrature française, disait-on alors, a de longues et de glorieuses annales, et, quand le moment est venu pour elle de s'affermir dans le sentiment de ses devoirs et de montrer son importance et sa grandeur, elle tourne les yeux vers ses ancêtres, et, parmi eux, elle trouve aisément un exemple des vertus que le public attend d'elle, et qu'elle est résolue de pratiquer fidèlement. »

Ces longues et glorieuses annales semblent ne pas exister pour ceux qui attaquent cette magistrature dont ils ignorent l'histoire et les origines.

Nous n'avons pas l'intention d'examiner ici tous leurs projets de réforme judiciaire, ni de réfuter les erreurs de ceux qui voudraient désorganiser à leur profit une vénérable institution qui est un des fondements de l'ordre social.

Mais comme le nom de Berryer a été prononcé plusieurs fois par les auteurs de la prétendue réforme, et cela, de manière à donner une fausse idée de ses sentiments envers la magistrature française, nous croyons qu'il est bon de montrer quelle était la véritable pensée du grand orateur sur ce grave sujet.

Nous voulons, en un mot, combattre l'erreur de gens qui ne connaissent pas même les hommes et les choses du temps présent, et rétablir la vérité historique.

En 1868, Berryer montait à la tribune pour « revendiquer l'honneur et l'indépendance des magistrats, sa vieille et constante affection », et il ne voulait qu'une chose, chasser la politique du temple de la justice, où elle ne peut que corrompre les cœurs et avilir les caractères.

Mais on ne saurait trop le répéter, Berryer montra pendant sa longue et glorieuse carrière, qu'il tenait autant à l'honneur de la magistrature qu'à celui du barreau.

Et si l'on feint d'oublier les serviteurs de la monarchie qui a fait la France, si l'on semble même éviter de prononcer les noms de ses plus illustres magistrats, n'oublions pas que l'âme patriotique de Berryer savait réveiller le souvenir de toutes les gloires françaises.

Dans une circonstance mémorable, le jour de sa réception à l'Académie française, il s'écriait avec une sorte d'enthousiasme :

« Quels éminents services cette noblesse n'a-t-elle pas rendus au pays, par le dévouement des hommes de science et de charité qu'elle consacrait aux travaux du sacerdoce et de l'épiscopat? N'a-t-elle pas compté dans ses rangs les immortels magistrats qui, pour la défense des lois, des franchises nationales, des intérêts de tous, se montrèrent intrépides à l'égal du grand Condé. »

Et si Berryer admirait les vertus, les nobles caractères de l'ancienne magistrature, il rendait également justice à celle de nos jours, et cela, dans des termes qu'il faut rappeler, pour faire cesser toute incertitude à cet égard.

Quand on veut savoir quelle était la confiance de Berryer dans l'honneur et l'indépendance de nos magistrats, il n'y a qu'à relire le magnifique plaidoyer qu'il prononça, le 27 mai 1857, devant la Cour d'appel de Dijon, et, qui à l'heure présente, offre un intérêt évident d'actualité.

Il s'agissait de la revendication des forêts de Champagne, au profit d'augustes exilés, contre l'administration des Domaines, et voici les dernières paroles que leur illustre avocat fit entendre dans cette importante affaire :

« Voilà la loi, voilà les principes vrais, disait Berryer; sans préoccupation, sans faiblesse, appliquez-les pour l'honneur des principes, pour l'honneur de la magistrature française! honneur qui m'est si cher, comme le sont toutes les gloires de mon pays.

« Depuis cinquante ans, Messieurs, j'appartiens au barreau, auquel m'attachent tant d'honorables traditions et les liens d'une si précieuse confraternité; son honneur m'est cher, celui de la magistrature ne me l'est pas moins; je n'ai cessé d'avoir confiance dans la dignité de la magistrature.....

« Montrez à l'exilé, au proscrit, que tous les nobles sentiments, celui de la justice, de la foi due aux contrats, du respect dû à la propriété des absents, sont restés vigoureux dans nos cœurs; que nous avons fidèlement gardé ce précieux dépôt de gloire et de dignité nationale; que rien de tout cela n'a failli; qu'il reçoive le bénéfice de votre sagesse, et que, du fond de son exil, il apprenne que dans cette France, sur cette terre que ses aïeux ont gouvernée et d'où les révolutions l'ont banni, il y a encore indépendance dans la magistrature et justice pour les proscrits. »

On ne saurait rien ajouter à ces belles et éloquentes paroles; elles vengent la magistrature française des outrages qui lui ont été prodigués depuis la mort de Berryer.

Et plein de confiance dans son indépendance, indépendance qui ne gêne que ses ennemis, nous sommes convaincu qu'elle suivra courageusement les traces de ses glorieux ancêtres, et que, dernier refuge des opprimés et des proscrits, elle mettra toujours son honneur à défendre le droit contre la force.

A M. P. BISTON

AVOCAT

Je vous remercie, Monsieur et cher confrère, de votre très amicale lettre; je vous remercie d'avoir pensé à me dire que vous voulez bien prendre part à la satisfaction que me donne l'heureuse solution de cette très juste cause.

Nous sommes peu accoutumés aux succès des droits les plus légitimes, et pour les faire triompher, ma vie entière s'est épuisée en vains efforts; puisse cet arrêt solennel être le présage d'un meilleur avenir!

C'est du moins une consolation pour le Prince, victime depuis tant d'années de l'ingratitude et de l'injustice des hommes, de voir que cet acte de justice rencontre de généreuses sympathies dans des cœurs comme le vôtre.

Recevez mes bien affectueux et bien confraternels compliments.

BERRYER.

Augerville-la-Rivière, 20 juin 1857.

AU MÊME

Frohsdorf, 26 juillet 1857.

Monsieur,

Je suis chargé par M. le comte de Chambord, et par S. A. R. Mme la duchesse régente de Parme, de vous accuser réception des lettres que vous avez écrites à Frohsdorf et à Parme, dans les mois de juin et de juillet, à l'occasion de l'heureuse issue du procès de Dijon.

Monseigneur et son auguste sœur ont été très touchés de l'approbation sympathique accordée généralement, en France, à la reconnaissance de leurs droits, et j'ai l'ordre de vous remercier tout particulièrement, Monsieur, des sentiments que, pour votre propre compte, vous exprimez à nos Princes dans cette circonstance solennelle.

Soyez convaincu, Monsieur, que votre dévouement et vos services sont, depuis longtemps, appréciés à Frohsdorf, où l'on vous conserve un bienveillant intérêt dont je suis heureux de vous donner l'assurance, en vous priant d'agréer l'hommage de ma considération distinguée.

Comte DE MONTI.

AU MÊME

Passy, le 1er novembre 1882.

Monsieur,

Votre *témérité* consisterait plutôt à douter du bon accueil que méritent à la fois et votre écrit et la lettre qui l'accompagne.

Cet accueil est de droit.

Je n'étais pas dans le parti qu'a si fort illustré M. Berryer, mais je suis devenu plus tard son confrère à l'Académie française, ayant eu de plus l'honneur de compter sa voix parmi les suffrages qui m'ont fait asseoir auprès de lui.

Il avait la simplicité sympathique des hommes supérieurs; il attirait par sa bonté ceux que sa politique n'eût pas entraînés; j'étais de ceux-là pendant le règne de Juillet, à jamais regrettable.

Le roi tombé, M. Berryer a été en plus d'une occasion le défenseur légal de sa famille et de ses droits.

Je ne crois pas qu'un homme, aussi dévoué qu'il l'était et aussi exclusivement à une même cause, se soit concilié partout ailleurs de si sincères et si sérieuses amitiés.

Vous avez très bien dit tout cela, Monsieur, et en

défendant les principes sans lesquels il n'y a plus ni magistrat, ni justice, ni sécurité nulle part, il semble que ce soit sa voix elle-même qui soit sortie du tombeau; mais j'ai peur, hélas! que ce ne soit *vox clamantis in deserto…*

Veuillez, Monsieur, croire à ma gratitude comme à ma parfaite considération.

CUVILLIER-FLEURY.